V

CHAMBRE DE COMMERCE DE CHAMBÉRY

RAPPORT

SUR

L'EXPOSITION UNIVERSELLE DE LYON

PAR M. BARBIER,

DIRECTEUR DES DOUANES,

MEMBRE AGRÉGÉ DE L'ACADÉMIE DE SAVOIE.

CHAMBÉRY

IMPRIMERIE DE F. PUTHOD, RUE DU VERNEY

—

1873

EXPOSITION UNIVERSELLE DE LYON

RAPPORT

Chambéry, le 28 août 1872.

Monsieur le Président,

Pour répondre à l'honneur que la Chambre de commerce de Chambéry a bien voulu me faire en me choisissant comme délégué à l'Exposition universelle de Lyon, je suis en mesure de vous adresser une première lettre que je me permettrai de faire bientôt suivre de quelques autres, lorsque son installation tout à fait complète permettra de l'étudier d'une manière plus utile aux intérêts que vous avez bien voulu me charger de représenter.

Je diviserai mon travail en deux parties : la première comprendra le compte-rendu de l'exposition des industriels appartenant aux deux départements de la Savoie; la seconde comprendra l'énumération et la description, ainsi que le dessin, quand cela sera possible, des machines ou appareils qui pourraient être utiles à ces industries. Il m'a semblé bon également de dire quelques mots des industries ou des produits que j'ai remarqués à l'Exposition et qu'il serait possible d'introduire avec avantage dans le pays.

Mais, avant d'entrer dans ces divers détails, il convient de décrire, je crois, au moins sommairement et à grands traits, le bâtiment de l'Exposition ainsi que ses divisions principales. Les journaux ont donné, il est vrai, toutes

ces indications, mais comme tous ces détails ne sont
peut-être plus présents à la mémoire de tous les membres de la Chambre, je prends la liberté de les rappeler
brièvement ici.

Construit sur les bords du Rhône, dans le quartier
dit des Brotteaux, sur un des côtés du parc de la Tête-
d'Or, dans une situation parfaitement appropriée à une
semblable destination, entouré de verdure, de beaux
arbres et de fraîcheur, le Palais de l'Exposition universelle internationale de Lyon occupe une longueur de
près de 1,600 mètres et s'étend jusqu'au pont du chemin
de fer de Genève, d'où le voyageur, en passant, la voit
se dérouler sous ses yeux, à moitié cachée sous les om-
brages du parc et les dominant quelquefois par quelques
points saillants.

Construit entièrement ou à peu près en planches, je
n'ai pas besoin de rappeler les vicissitudes par lesquelles
a passé le bâtiment et qui ont ajourné plus d'une fois
l'ouverture définitive de l'Exposition.

La façade, qui s'ouvre sur le quai, donne accès par de
faciles dégagements dans la première galerie, où se trouvent rassemblées les nombreuses et merveilleuses machines que l'industrie moderne met à la disposition de
l'homme pour faciliter et abréger sa tâche, ainsi que les
puissants engins qui sont nécessaires pour vaincre les
difficultés que sa faiblesse ne lui permet pas de sur-
monter. On y trouve également les produits renommés
des établissements métallurgiques les plus importants
de France, les produits bruts et ouvrés des industries
extractives : ardoises, marbres, chaux, etc., dont je
parlerai plus tard à propos des exposants de la Savoie.

C'est à l'extrémité de cette galerie que se trouve l'appareil ascenseur qui permet aux visiteurs de monter sans
fatigue au sommet de la galerie pour jouir de la vue du
splendide panorama qui se déroule sous leurs yeux.

La deuxième galerie renferme également des machines de toute nature pour fabriquer le savon, la bougie, le chocolat, etc.; des ouvrages en caoutchouc, des objets de sellerie, des machines à filer les cocons, à dévider la soie, qui attireront notre attention, enfin une très grande variété de machines à coudre.

Une galerie centrale, qui coupe la précédente à angles droits, renferme un grand nombre d'appareils de chauffage, calorifères, fourneaux de cuisine, appareils pour bains, etc., etc.

Dans la troisième galerie, nous trouvons une exposition peu importante d'armes de guerre, pour la plupart originaires de l'étranger.

Un peu plus loin, comme contraste, comme consolation en quelque sorte aux idées pénibles que la vue de ces objets de destruction fait involontairement naître, la Société de secours aux blessés a installé ses voitures d'ambulances, ses brancards, ses appareils de campement, de pansement, bras, jambes, mains mécaniques, etc. On voit également, dans cette galerie fort longue, de beaux spécimens de carrosserie et un grand assortiment de peaux et de cuirs tannés et corroyés, où les noms de la Savoie figurent avec avantage.

Une galerie latérale contient une exposition complète de produits vinicoles de toute la France. Nous avons remarqué en bon rang l'exposition des vins de la Savoie, due à M. P. Tochon, président de la Société d'agriculture de Chambéry, auquel cette industrie doit de sérieux progrès.

Une autre galerie, parallèle à celle qui précède, renferme les eaux minérales si diverses par leur composition et leurs propriétés, des savons, des couleurs, des produits chimiques de toute sorte, etc.

A une des extrémités se trouve une vaste salle de concert, où l'esprit peut venir se reposer un peu de ce qu'il vient de voir, avant d'arriver à la fin de son voyage.

La quatrième galerie offre à l'œil de l'amateur ainsi qu'à son palais les objets les plus variés et les plus appétissants. Consacrée aux produits du sol et de l'industrie de l'Algérie et des colonies françaises, on y voit figurer, à côté des riches productions, soies, cotons, chanvres, tabac, bois, liéges, etc., les comestibles les plus divers et, disons-le sans fausse honte, les plus tentants ; pâtes alimentaires, pâtés, gâteaux, saucissons, se confondent dans des vitrines qui font briller plus d'un regard de convoitise. Dans une galerie parallèle, qui fait suite aux bureaux de l'Administration, se trouvent les objets de literie, les billards, meubles, etc.

Arrivé à l'extrémité de cette galerie, le visiteur s'arrête ; une vaste salle carrée s'ouvre devant lui, une immense ossature de charpente en bois, d'une légèreté remarquable en même temps que d'une grande hardiesse, supporte une vaste coupole et donne à l'ensemble un air de grandeur dont on ne peut manquer d'être frappé.

Cette salle, à peu près entièrement garnie maintenant, contient les produits artistiques de l'industrie, meubles de luxe, verrerie et cristaux, faïence de Gien, orfèvrerie de Christofle, ornements d'église.

La cinquième galerie est consacrée aux instruments de musique, aux appareils orthopédiques et à divers objets de fantaisie, tels que bijoux, fleurs, éventails, parfumerie, etc.

Une galerie transversale comprend, d'un côté, l'exposition des Beaux-Arts, dont je n'ai point à m'occuper, et de l'autre, les vêtements et effets confectionnés, ainsi que des vitraux d'un bon effet et d'une facture franche.

La sixième galerie, qui forme un arc de cercle d'un petit diamètre, comprend des étoffes de tous genres ainsi qu'une nombreuse exposition de soies écrues, gréges et moulinées, venant de toutes les provenances

du globe et qui pourront être l'objet d'une étude intéressante de comparaison.

Une dernière galerie, sur laquelle s'ouvre l'exposition
des machines agricoles, est consacrée aux plans, livres,
cartes, etc., et une portion réservée du parc est, en outre,
affectée à l'installation et à l'exhibition des appareils
spéciaux à l'agriculture et aux spécimens de diverses
machines et constructions qui n'auraient pu trouver
place dans les bâtiments couverts.

Telle est, Monsieur le Président, la description som-
maire des principales galeries de l'Exposition.

C'est dans la première, la seconde, puis dans la troisième et enfin dans la sixième que j'espère pouvoir trouver les principaux éléments de l'étude que j'aurai l'honneur de mettre sous les yeux de la Chambre. Ouverte
officiellement depuis deux mois seulement maintenant,
l'Exposition de Lyon a eu de nombreux détracteurs ; elle
n'a point été accueillie généralement avec faveur et bien
des gens ne la considéraient point comme une chose
sérieuse. Il ne m'appartient pas de rechercher les causes
qui ont provoqué ou amené le peu de sympathies qu'elle
a rencontrées, surtout au début.

Il faut reconnaître cependant que pour tout esprit impartial, pour toute personne désireuse de s'instruire,
animée de l'intention et de la ferme volonté de faire jaillir
quelque chose d'utile là où le vulgaire ne voit que l'inu-
tilité et le superflu, l'Exposition de Lyon offre des éléments suffisants d'étude.

Sans doute, elle ne saurait échapper d'une manière
absolue à toute critique ; sans doute, on peut regretter
que les produits d'une même espèce, qu'ils appartiennent soit à la France, soit à l'étranger, n'aient pas toujours pu être classés de manière à en rendre plus facile
l'étude comparative ; sans doute, il eût été à désirer que
les catalogues fussent établis de façon à pouvoir, avec

leur aide, trouver facilement l'endroit où sont déposés
les produits qu'ils mentionnent ; sans doute aussi, il eût
été très utile que les produits eussent été accompagnés
d'une manière plus générale d'indications propres à rendre la comparaison facile quant aux prix, aux conditions
de production, de main d'œuvre, etc.

Mais, en somme, ces divers griefs ne sont point d'une
importance extrême, et quant au dernier que j'ai formulé
et qui est à mes yeux le plus sérieux, les travaux des
divers jurys restitueront, il faut l'espérer, à chaque
chose son caractère véritable et les éléments d'appréciation qui, à cette heure, font à peu près complètement
défaut.

Ajouterai-je maintenant que c'est avec regret qu'on a
constaté que la Savoie n'ait pas pris part dans une plus
large mesure à l'Exposition de Lyon. Oui, assurément,
les progrès réalisés depuis plusieurs années dans ce
pays, la proximité de la ville de Lyon, les relations nombreuses qui se sont établies depuis longtemps entre les
deux cités, tout doit faire regretter que les deux départements de la Savoie ne soient pas plus largement repré-
sentés au concours auquel ils avaient été conviés.

Autant la publicité à outrance, autant la réclame à prix
d'argent, doivent répugner à l'industrie honnête et con-
sciente de sa force et de sa valeur, autant celle qu'elle
trouve dans ces luttes pacifiques, peut servir à des industries utiles mais peu connues, à des inventions qui
ont besoin de se faire une petite place au grand jour
pour se faire apprécier.

Qu'il me soit permis de citer à l'appui de cette opinion
un fait que j'ai trouvé relaté dans les Archives de la préfecture de Chambéry.

A la date du 15 brumaire an x (6 novembre 1801), on
trouve une circulaire du ministre de l'intérieur au préfet
du département du Mont-Blanc pour l'inviter à mettre

tous ses soins à persuader aux industriels de prendre part à l'exposition qui devait avoir lieu à Paris la même année.

Le ministre envoyait, à cet effet, plusieurs exemplaires du procès-verbal du jury national et le préfet était invité à le faire afficher dans le plus bref délai. En terminant sa communication, le ministre ajoutait ces mots : « Vous sentez que la publicité est l'un des plus grands encouragements que puissent obtenir les artistes et les manufacturiers qui ont été couronnés. Elle fait connaître leurs travaux et, par là, leur procure la vente de leurs ouvrages. »

Assurément, les ciments de Montagnole ne se fussent point trouvés déparés à côté de ceux de la Porte-de-France, qui se sont fait une réputation européenne ; les cotons filés de la manufacture d'Annecy eussent pu supporter sans dommage le voisinage de leurs concurrents d'Alsace et de Suisse ; les produits métallurgiques de Cran, les papiers de Leysse, les chaux de Saint-Michel et tant d'autres produits dont l'énumération serait trop longue, eussent été accueillis avec faveur et eussent donné une idée avantageuse d'un pays peu connu sous ce rapport.

Revenant à ma mission spéciale, j'aurai l'honneur, Monsieur le Président, aussitôt que j'aurai reçu quelques renseignements complémentaires qui me sont indispensables, de vous adresser une autre lettre détaillée sur l'exposition des produits de la Savoie, qui se trouvent dans les première et deuxième galeries et, s'il m'est possible, dans la troisième qui renferme des cuirs tannés et corroyés des maisons Bal, Chapot et veuve Masson.

Veuillez agréer, Monsieur le Président, l'assurance de ma considération la plus distinguée.

Chambéry, le 11 octobre 1872.

Monsieur le Président,

J'ai l'honneur, pour faire suite à ma communication du 28 août dernier, de vous adresser ci-dessous un second rapport au sujet de l'Exposition universelle de Lyon. Des renseignements indispensables, de la part d'un exposant, m'ont empêché de vous le faire parvenir plus tôt, ainsi que j'en avais le désir.

J'ai dit que la galerie n° 1, dite des Machines, renfermait, en outre, un grand nombre de spécimens des forges et fonderies les plus importantes de la France. Assurément, je pourrais faire passer sous les yeux de la Chambre les principaux objets de ce genre, mais je dois laisser ce soin à une plume plus autorisée que la mienne et me contenter de la tâche plus modeste de rechercher, parmi tous ces appareils si divers, ces machines si puissantes et si ingénieuses, ces outils d'une si remarquable précision, ceux qui peuvent être plus particulièrement utilisés par l'industrie en Savoie. Mais la galerie n° 1 renferme aussi divers produits (en trop petit nombre, il est vrai) des industries extractives, qui ont été envoyés par quelques industriels de ce pays et qu'il convient avant tout de faire connaître.

On rencontre, en premier lieu, les produits des ardoisières de la Chambre. Placés entre ceux envoyés par celles d'Angers et par celles des carrières de Cevins, ils peuvent soutenir avantageusement la comparaison.

Leur propriétaire expose des ardoises pour toitures, de neuf équerres différentes, à des prix qui varient de 10 à 50 fr. le mille, suivant les dimensions, et prises à la gare de Lyon.

M. Blain expose, en outre, des plateaux pour carrelage, des dalles pour escaliers, tables, vespasiennes, des tables de billards, pour lesquelles il n'est point encore possible de fixer un prix bien déterminé. L'usine dans laquelle on met en œuvre les ardoises avec lesquelles on obtient ces divers produits fonctionne depuis trop peu de temps encore pour qu'il soit possible de déterminer d'ore et déjà le prix de vente réel.

Les ardoisières de la Chambre, admises en 1872 à l'Exposition de Lyon, avaient déjà été l'objet d'une mention honorable à celle de Turin, en 1858, et avaient reçu une médaille à celle de Chambéry, en 1860.

Ses produits, qui ont servi à couvrir la cathédrale de St-Jean de Maurienne et l'église de St-Génix d'Aoste, ainsi qu'un grand nombre de monuments publics et d'habitations particulières en Savoie et dans les départements limitrophes, se font remarquer par leur dureté, leur couleur inaltérable et uniforme. Elles nous ont paru tenir le milieu entre les ardoises de Cevins, dont elles n'ont point toutes les qualités, et celles des carrières de St-Julien et de Villargondran, auxquelles elles sont supérieures. En résumé, comparativement à leur prix de revient, qui est assez modéré, elles doivent être d'un débit facile et avantageux.

Non loin de là, se trouve l'exposition des ardoises de Cevins, qui rivalisent avec celles d'Angers et celles des Ardennes.

Les ardoisières de Cevins à la montagne de Prabellin sont exploitées depuis fort longtemps, ainsi que le prouvent les nombreux travaux qui existent sur le gisement et les restes que l'on trouve au milieu des ruines des anciens châteaux.

La prison d'État de Miolans, près de St-Pierre d'Albigny, était, entre autres, entièrement couverte avec des ardoises de Cevins, ardoises si bien conservées, qu'elles ont été aussi bien vendues que des neuves par les habi-

tants des environs, qui venaient les enlever comme d'une
carrière, ainsi que nous l'apprend M. G. de Mortillet
dans les *Annales de la Chambre royale de commerce et
d'agriculture.*

Les ardoises de Cevins sont de première qualité, du-
rent plusieurs siècles, sont d'une belle couleur bleue qui
ne s'altère pas à l'air, très légères, très recherchées et
les meilleures de la Savoie, malheureusement d'un prix
de revient trop élevé à cause des difficultés d'exploitation.

En 1866, les travaux qui avaient été entrepris à Cevins
n'avaient point encore produit de résultats appréciables,
et l'extraction n'avait pas dépassé, au commencement de
l'année 1870, 3,000 milliers.

Pendant la crise que vient de traverser la France à la
suite de la guerre, les ardoisières de Cevins sont restées
à peu près inactives, et même, en 1871, elles n'ont pas
été exploitées; il paraît, d'après des renseignements
dignes de foi, qu'on recherche les moyens de former une
société puissante pour organiser leur exploitation d'une
manière régulière.

Les dimensions des ardoises de Cevins varient de
7 pouces sur 4 ½, à 12 pouces sur 9. Le millier pèse de
250 à 400 kilos ; la surface couverte par 1,000 ardoises
varie de 7 mètres 50 centimètres à 26 mètres 25 centimètres.

Les prix, à la Bâthie, sont de 16, 25, 40, 60, 70 et 80 fr.
le mille, suivant les dimensions.

L'exposition de Cevins comprend uniquement des
ardoises pour toitures, de toutes dimensions.

Je trouve ensuite l'exposition de MM. Brigandat et Fivel,
de Saint-Michel, qui nous offrent de beaux échantillons
de marbres des Alpes et des environs de Chambéry.

Avant d'entrer dans le détail de leur exposition, disons
quelques mots sur les carrières de marbre que l'on

trouve en Savoie, et ensuite sur l'établissement du Plan d'Arc, qui importe en Savoie une exploitation qui promet d'être fructueuse et éminemment utile aux intérêts de la Maurienne.

La Savoie est très riche en marbres de toute espèce. On le trouve répandu un peu dans toutes les provinces de l'ancien duché; mais c'est principalement dans la Savoie-Propre (arrondissement de Chambéry), la Haute-Savoie (arrondissement d'Albertville), la Tarentaise et la Maurienne (arrondissement de Moûtiers et de St-Jean de Maurienne), qu'on rencontre le plus de variétés.

La brèche de Villette, couleur lie de vin semée de petits cailloux blancs, a joui d'une grande réputation sous le nom de brèche de Tarentaise. La brèche de Vimines, d'un jaune rouge à cailloux de diverses grandeurs de couleurs très variées, est également l'objet d'une exploitation assez suivie, qui en a fait connaître et apprécier toutes les qualités.

A Grésy-sur-Isère, on trouve un beau portor, marbre noir veiné et taché de jaune d'or, ainsi que du marbre noir uni, qui vaut celui de Belgique et qui mérite de fixer l'attention des architectes.

On connaît encore le marbre de Curienne, de St-Sulpice, jaune veiné de blanc, de St-Jean de la Porte, noir et gris brun, et tant d'autres qu'il serait trop long d'énumérer et dont on peut trouver le détail dans l'ouvrage de M. G. de Mortillet.

Cependant, il ne convient pas de passer sous silence la serpentine de Bessans ou marbre vert de Maurienne, magnifique pierre de décoration, dont l'exploitation va sans doute prendre un développement régulier fort avantageux pour cette contrée.

Disons, en passant, que nous avons remarqué à l'Exposition une fort belle cheminée en serpentine de Bessans, due à un industriel de Lyon.

Malheureusement, jusqu'à présent, l'exploitation de ces richesses ne s'était faite que partiellement et tout à fait accidentellement, à cause de la difficulté des communications, qui la grevait de frais très élevés.

L'établissement du Plan d'Arc est venu combler cette lacune, qui avait été signalée par tous les auteurs qui s'étaient occupés d'industrie ou de géologie. On doit, par conséquent, tout en leur souhaitant personnellement un heureux succès pour leur entreprise, savoir gré à MM. Brigandat et Fivel des efforts qu'ils font pour doter le département de la Savoie d'un nouvel élément de richesse.

La nouvelle usine hydraulique vient d'être établie dans l'ancienne propriété Almidani, maître de forges à Saint-Michel. L'usine primitive, qui contenait des moulins à blé avec une fabrique de pâtes d'Italie, des martinets et une scierie à bois, a subi les modifications suivantes : les bâtiments contenant les martinets et la scierie ont été démolis, reconstruits et agrandis pour recevoir tout le matériel nécessaire pour le sciage et la confection des marbres d'Italie et de Savoie, et une nouvelle installation d'une scie circulaire et d'une scie verticale pour les bois de la région [1].

La roue motrice, d'un diamètre de 5 mètres, a été entièrement refaite à neuf; elle est destinée à faire mouvoir tous les appareils de la marbrerie et des scies à bois et donne une force de cent chevaux.

Le principal but de l'installation de cette nouvelle mine est le sciage des marbres d'Italie, importés par la nouvelle voie du tunnel du Mont-Cenis. Jusqu'à ce jour,

[1] Les moulins à farine et la fabrication des pâtes d'Italie seuls ont été conservés et sont exploités actuellement par M. Maglia. Cette usine, qui a une certaine importance, est mise en mouvement par une turbine de la force de vingt-cinq chevaux.

ils ne pénétraient en France que par la voie de Marseille, où ils étaient débités par des scieries mues par la vapeur.

Cette nouvelle voie, que suivent déjà les marbres destinés à l'achèvement du Grand-Opéra de Paris, est de beaucoup la plus avantageuse et le deviendra plus encore lorsque le tunnel de Chiavari complétera la ligne de Carrare à Gênes.

A cette exploitation sera jointe celle des marbres de la Savoie, dont on n'avait tiré jusqu'à ce jour, ainsi que je l'ai dit plus haut, qu'un bien mince parti, par suite du défaut de voies de communications et d'installations suffisantes.

L'usine du Plan d'Arc contient 8 châssis, pouvant être armés chacun de 35 lames, 2 châssis à débiter, 2 rodeuses à polir, 2 machines à moulurer, 1 tour pour colonnes et divers autres objets. Elle contient aussi de vastes ateliers de confection pour travaux de marbrerie en tous genres.

L'exposition de MM. Brigandat et Fivel ne comprend que des échantillons des marbres qu'ils doivent exploiter. Ils n'ont point eu le temps d'envoyer aucun objet fabriqué. Ces marbres sont les suivants :

Bessans : Marbre vert cristallin, connu sous le nom de vert de Maurienne, nuancé de vert pâle, de rouge et de jaune de chrôme. Se polit très bien. Carrière très abondante à 15 kilomètres de Lanslebourg.

Villarodin : Marbre vert cristallin, de diverses nuances; se polissant très bien. Carrière très abondante à 4 kilomètres de Modane. Ces deux espèces sont très réfractaires et inaltérables par les acides.

Beaune : Brocatelle rouge. Beau marbre susceptible d'un très brillant poli. Carrière sur le versant oriental du Bonnant, à 10 kilomètres de Saint-Michel.

Saint-Martin de la Porte : Marbres calcaires cristallins métamorphiques, intercalés dans les anhydrites. Diverses nuances se polissant très bien. Carrière abondante à 2 kilomètres de Saint-Michel.

Grésy-sur-Isère : 1° Marbre noir aussi beau que celui de Belgique, par couches variant de 40 centimètres à 1 mètre d'épaisseur.

2° Marbre portor. Brèche avec fragments gris, noirs et veines jaunes et blanches. Carrière très abondante. Se polit très bien.

Curienne : Brèches grises avec taches bleues et rousses et veines blanches. Prend un beau poli. A 10 kilomètres de Chambéry.

Vimines : Brèche rouge de diverses nuances, prenant un très beau poli. Carrière très abondante à 8 kilomètres de Chambéry. Elle a été employée, au XVIIe siècle, pour le portail de l'Hôtel-de-Ville de Lyon.

Saint-Sulpice : Marbre rose et jaune, imitant le Sienne, et jaune coquille. Il se polit très bien. Carrière très abondante à 8 kilomètres de Chambéry.

Villette : Brèche rose de Tarentaise, prenant un beau poli. Cette carrière a été exploitée dès le siècle dernier.

Les échantillons exposés à Lyon donnent une idée des détails qu'on vient de lire, et sont presque les seuls qu'on rencontre dans cette longue suite de produits si nombreux et si variés.

Le Comité des Ardoisières de la Chambre a été récompensé par une médaille d'argent.

Celles de Cevins ont reçu une médaille de bronze, et MM. Brigandat et Fivel ont été l'objet de la même distinction.

On remarque aussi dans cette première galerie deux ventilateurs qui attirent vivement l'attention des connaisseurs et qui sont dus à M. Jacquet, chef de division à la Préfecture de Chambéry, lequel expose également, dans la deuxième galerie, une machine à coudre sur laquelle j'aurai occasion de revenir tout à l'heure.

L'appareil que M. Jacquet intitule ingénieusement le soufflet réduit à sa plus simple expression, est destiné à démontrer l'application d'un genre particulier de transmission de mouvement aux machines à coudre, ventilateurs, meules, polissoirs, scies à découper, scies circulaires, scies à rubans, outils à percer et autres appareils ne demandant qu'une force motrice peu considérable.

Les modèles exposés, qui font partie de l'exhibition de M. Brun, mécanicien à Lyon, qui les a confectionnés dans ses ateliers, consistent, nous l'avons déjà dit, en deux ventilateurs. Le mécanisme qui affecte la forme d'une bobine, est remarquable de simplicité. Ses effets sont ceux de la toupie à marche continue dans le même sens.

Ils peuvent être actionnés à volonté par le pied au moyen d'une pédale, ou par la main, à l'aide d'une branloire ou levier.

Une impulsion sur la pédale ou sur la branloire produit un mouvement rapide de rotation dont la durée peut aller jusqu'à deux minutes.

L'un de ces ventilateurs à mouvement direct n'occupe pas d'autre espace que celui du volume de sa coquille et du bras de levier ou de la pédale ; l'autre, quoiqu'à transmission, n'exige qu'un emplacement très restreint.

Appliqué à une meule de 0,50 centimètres de diamètre, le mécanisme dont il a été question plus haut la fait mouvoir avec une vitesse extrême pendant une minute et demie par chaque coup de pédale, quand l'on n'oppose aucun frottement, et pendant plus d'un quart de minute dans l'opération de l'affûtage d'un couteau de table.

En résumé, les caractères qui distinguent plus spécialement ce mécanisme sont les suivants :

Vitesse de rotation considérable, obtenue sans engre-

nages, par le seul déroulement d'une courroie sur une poulie folle, de manière à permettre, à l'aide d'un rochet, la reprise et la continuation indéfinie du mouvement, lequel se fait toujours dans le même sens, sans qu'il soit besoin de l'amorcer.

Suppression de la bielle ordinaire et des points morts.

Faculté d'agir irrégulièrement sur la pédale sans nuire à la régularité du mouvement de rotation, par conséquent, repos du pied pendant que la rotation se produit d'une manière satisfaisante en vertu de l'effet des impulsions premières.

Les ventilateurs dont il a été parlé plus haut conviennent aussi bien aux forges fixes qu'aux forges portatives.

Ils conviennent surtout aux cloutiers, qui peuvent les animer, même au delà du besoin, au moyen d'une pédale-bascule sur laquelle le pied vient se poser tout naturellement lorsqu'ils veulent retirer du foyer de la forge la barre de fer chauffée et y replacer la barre sur laquelle a été pris le dernier clou fabriqué.

Après un minutieux examen, nous sommes persuadé que, dans la vallée des Bauges, où de nombreux ouvriers se livrent encore à la fabrication des clous, ces appareils rendraient de précieux services, et nous ne pouvons qu'appeler l'attention de la Chambre sur leur utilité pratique.

Avec cet appareil, le manége à chiens est devenu désormais inutile et la Société de protection des animaux comptera dans M. Jacquet un bienfaiteur de plus.

En examinant attentivement le système de M. Jacquet, outre qu'on doit reconnaître qu'il s'agit d'un moyen nouveau dont il a fait une ingénieuse application et qui peut être fécond en résultats, on est frappé de la simplicité des appareils, qui peuvent être livrés par conséquent à des prix modérés et accessibles aux petits industriels.

Sans doute les appareils de M. Jacquet ne sont point exempts de toute critique ; nous en avons entendu formuler quelques-unes en notre présence, ce qui nous a permis de mettre les visiteurs et les connaisseurs en garde contre certains petits défauts de détail, qui tiennent uniquement, nous en sommes persuadé, à la rapidité avec laquelle ces appareils ont été construits afin d'être prêts pour l'Exposition.

On a reproché au rochet de s'user vite, mais il est facile de remédier à ce léger inconvénient, ou en lui donnant plus de force que dans le modèle, ou en l'établissant en acier trempé d'une plus grande solidité.

On peut également, si l'on veut, faire disparaître le bruit strident du rochet par l'emploi d'un disque à friction qui remplit la fonction de ce petit appareil.

Le Jury de la 17e section, appréciant le mérite de l'application de M. Jacquet, lui a décerné pour ses deux ventilateurs une médaille de bronze.

Quittons la première galerie pour nous transporter sans transition dans la deuxième. Au fond, au milieu d'appareils brillants, arrangés avec beaucoup d'art et de goût, à travers un dédale de machines à coudre de toutes les formes, de tous les pays, de tous les prix, se trouve une exposition plus modeste : c'est celle de M. André Weber, constructeur-mécanicien à Lyon. Parmi quelques appareils de sa fabrication, se trouve la machine à coudre de M. Jacquet, dont il convient de dire quelques mots.

S'inspirant de son mécanisme adapté aux ventilateurs dont j'ai parlé plus haut, M. Jacquet a voulu également en faire une application pratique à la machine à coudre.

Pénétré de l'inconvénient de ces appareils qui ne peuvent marcher habituellement alternativement à la main et au pied sans cesser immédiatement d'être facilement portatifs, l'exposant s'est attaché, au moyen de son système, à lever cette difficulté, qui se trouve, ainsi qu'on le verra plus loin, ingénieusement résolue. Le moyen qu'il emploie se fait remarquer tout d'abord par la simplicité et le peu de volume des organes de fonctionnement. Il permet la suppression de la bielle, du grand volant, du bâti et de la table spéciale, ce qui fait que les machines auxquelles il est adapté sont, quoique actionnées par le pied, tout aussi portatives que celles disposées pour aller uniquement à la main. Comme ces dernières, elles peuvent être fixées à toute table et entrer, ainsi que leur pédale, dans un coffret.

La marche a toujours lieu en avant, sans qu'il soit nécessaire de donner aucune impulsion avec la main ; le retour en arrière n'est pas possible.

L'irrégularité et même les temps d'arrêt dans les mouvements du pied n'empêchent pas la régularité parfaite des mouvements de l'aiguille.

Toute impulsion un peu vive sur la pédale peut fournir de vingt à quarante points.

Pour arrêter subitement le mouvement, il suffit de déposer le doigt ou d'appuyer légèrement sur le volant avec le coude.

La marche toujours en avant et l'irrégularité possible des mouvements du pied permettent à toute personne inexpérimentée de se servir de ces machines. Cet avantage n'est pas sans importance puisque les petites machines sont surtout employées par les personnes peu disposées à se soumettre à l'apprentissage.

Mais elles seront surtout d'un grand secours aux ouvrières qui vont en journée et qui pourront ainsi disposer d'un appareil portatif, pouvant se poser partout et devant leur faciliter leur tâche.

Au moment où la condition du travail des femmes est l'objet des préoccupations, des études de tous les hommes compétents qu'intéresse cette question si grave, si sérieuse pour l'avenir de notre société, on ne peut nier que l'application de M. Jacquet ne soit une heureuse inspiration, on doit lui en savoir gré et désirer que le prix de revient, qui n'est d'ailleurs pas bien élevé (90 francs), puisse être encore abaissé afin que sa machine devienne accessible aux bourses les plus modestes.

Les qualités particulières que donne à la machine à coudre le système de M. Jacquet, en font en quelque sorte un appareil qui se distingue entre toutes les autres machines de même espèce; est-ce à dire qu'il ne reste plus rien à faire! Non assurément, il sera possible, facile même de trouver un système de régularisation, si l'on peut s'exprimer ainsi, du mouvement d'impulsion qui est très rapide et qui oblige à en calculer fort habilement la portée pour ne pas dépasser le but.

Néanmoins, les divers motifs que nous avons énoncés plus haut nous ont amené à appeler d'une manière toute particulière l'attention des membres du jury sur les produits de cet exposant, qui nous ont paru, ainsi qu'à un grand nombre de personnes compétentes, devoir être sérieusement encouragés.

Dans la troisième galerie, nous trouvons encore divers exposants appartenant à l'industrie de Savoie. En premier lieu, nous rencontrons M. Pétrus Bachet, tanneur à Annecy, qui expose une machine à crépir, rebrousser et appointer les cuirs, marchant à bras.

Cette machine se compose d'un simple balancier, portant à l'extrémité un châssis, au centre duquel une marguerite de la longueur d'un mètre se meut dans tous les sens et se règle par des vis de pression, suivant l'épaisseur des cuirs.

La marguerite fonctionne sur une table dont les cannelures sont flexibles afin d'éviter les cassures. En travail, elle occupe un espace de 4 mètres carrés, et en hauteur 3 mètres 20 centimètres.

L'avantage de cette machine, dit l'inventeur, est d'éviter toute peine aux ouvriers qui, ne travaillant ordinairement qu'avec une marguerite de 40 centimètres, supportent en réalité tout le poids du cuir.

Elle permet, en outre, d'employer des manœuvres qui dirigent et font aussi bien marcher la marguerite que les ouvriers qui reçoivent habituellement de 4 à 4 fr. 50 c. par jour. Elle fait, enfin, le double et le triple d'ouvrage qu'à main d'homme, et l'on peut obtenir avec elle de quatre à cinq bandes par heure.

Elle peut se placer partout, aussi bien de plein pied qu'au premier ou au deuxième étage, ne demande ni réparations ni entretien. (Celle de M. Bachet fonctionne depuis cinq ans dans ces conditions.)

Le prix de cette machine est de 550 fr., prise à Annecy.

Il existe un autre système marchant à la vapeur, il coûte de 16 à 1,800 fr. et demande deux hommes pour le faire marcher.

L'appareil dont on vient de lire la description est employé, ainsi qu'on l'a vu, depuis cinq ans par son inventeur, qui n'a qu'à se louer, dit-il, de la manière dont il fonctionne et des résultats qu'il obtient. Mais, sans vouloir contester les qualités qu'il lui attribue, qualités qui paraissent, au simple examen, parfaitement logiques, et avant de prononcer un jugement définitif sur sa valeur pratique, nous aurions aimé à savoir qu'il eut été adopté par quelques-uns des confrères de M. Bachet, en Savoie, et nous n'en connaissons aucun. Nous ajouterons, en outre, qu'il n'eut pas été mauvais que, comme preuves à l'appui, l'exposant eut envoyé quelques spécimens de cuirs travaillés à l'aide de sa machine.

L'appareil de M. Pétrus Bachet a été l'objet d'une mention honorable de la part du jury de la 27e section.

Nous trouvons ensuite, au milieu d'une très grande

collection de peaux vernies, tannées, corroyées, etc.,
les vitrines de Mme Chapot et fils, de Chambéry ; François
Bal et fils, de la même ville ; de Mme veuve Masson,
également de Chambéry, et de M. Duchozal, d'Annecy.

L'établissement de Mme veuve Chapot et fils est, dans
son genre, le plus anciennement fondé qui subsiste
encore actuellement.

Établi, il y a plus de deux siècles, dans des proportions
restreintes, il est vrai, il est toujours resté dans la même
famille et il a pris, depuis quelques années surtout, un
développement qui le place, sans contesté, à la tête des
établissements similaires en Savoie et lui assigne très
certainement un rang fort honorable parmi ses concurrents des autres départements de France.

Avant l'annexion, les principaux débouchés de cette
maison étaient l'Italie principalement et ensuite l'Allemagne.

Depuis la réunion de la Savoie à la France, les droits
d'entrée en Italie lui ont fait perdre en grande partie
ce marché, et la maison Chapot a dû faire de grands
sacrifices pour renouveler son outillage, a dû lutter
avec énergie et avec patience pour se mettre en mesure
de soutenir la concurrence des établissements des
départements voisins et se créer une nouvelle clientèle.
L'exposition des produits qui sortent des ateliers de
Mme veuve Chapot et fils nous montre que ces efforts
n'ont pas été stériles.

Situé à la Revériaz, à proximité de Chambéry, cet
établissement est parfaitement placé au bord d'un cours
d'eau qui lui est très utile pour certaines de ses opérations. Les divers appareils qui sont nécessaires à son
exploitation sont mis en mouvement par une roue
hydraulique à charge d'eau, qui développe une force
de 12 à 20 chevaux au besoin. Un appareil à scier les
peaux, installé depuis quelque temps, leur donne la

facilité de faire dans l'usine même cette opération qui n'était pas possible avant, ce qui obligeait les exploitants à aller acheter ces produits au dehors, pour leur faire subir les diverses préparations qui leur permettaient ensuite de les livrer au commerce.

Il y a, en outre, par le fait de l'importation de cette machine, un bénéfice de main d'œuvre qui reste acquis aux ouvriers du département et qui leur échappait avant.

Les opérations que subissent les matières premières y sont de deux sortes : le chamoisage et la mégisserie. Le chamoisage a pour objet, on le sait, de préparer les peaux qui, en raison de l'usage spécial auquelles elles sont destinées, ont besoin d'être douées d'une extrême souplesse, et on obtient ce résultat en remplaçant le tannage par l'emploi de l'huile de poisson et plus spécialement par celle de foie de morue.

Sans entrer ici dans tous les détails des diverses opérations qui n'intéresseraient pas, du reste, la Chambre, je me bornerai à dire qu'elles sont toutes, à la Revériaz, l'objet de soins attentifs. Le foulage, qui est celle de toutes qui exige peut-être le plus de soin, qui est particulièrement celle qui donne aux peaux le moelleux et la souplesse qui les caractérisent et qui constituent le grand mérite de la peau tannée à l'huile, est arrivé à un haut degré de perfection et prouve que Mme veuve Chapot et fils ont acquis dans ce travail délicat une expérience, une habileté pratique qui donnent à leurs produits une réputation légitime et bien méritée.

L'usine de la Revériaz, qui est susceptible encore de développement, livre cependant déjà à la consommation 7,600 douzaines de peaux chamoisées ou mégies, qui servent pour ganterie militaire, ganterie civile fine et commune, bimbeloterie, fournitures pour bandages, doublures de chaussures, porte-monnaie, etc., etc.

Les peaux pour la ganterie militaire et pour la ganterie

fine civile sont l'objet de préparations bien entendues, qui leur donnent une valeur marchande qui les fait rechercher et leur assure une vente facile.

Les peaux ainsi préparées et qu'on appelle blanchies au soleil, sans poussière, sont d'un prix plus élevé que celles qui n'ont pas reçu le même complément de main d'œuvre; la différence est de 4 fr. de plus par douzaine.

On fait également à la Revériaz les peaux de couleur pour ganterie fine et pour sellerie. Cette espèce vaut de 5 à 8 fr. de plus par douzaine.

Le sciage des peaux, qui n'était pas encore connu ou, pour être plus exact, pratiqué en Savoie, a été importé par les soins de Mme veuve Chapot et fils à l'usine de la Revériaz et lui a permis, ainsi que je l'ai dit plus haut, de ne plus être tributaire des usines étrangères.

On apprête de la sorte les peaux chamoisées cuir en buffle et plus spécialement les peaux de couleur pour chapellerie, joujoux, etc.

La mégisserie consiste dans la préparation des peaux de veau, de mouton, de chevreau, d'agneau et autres peaux délicates, afin de les rendre propres à divers usages autres que ceux qui concernent les métiers de corroyeurs et de pelletiers. Elle est caractérisée plus particulièrement par le genre de tannage qui se fait à l'alun, au sel et à la farine.

On apprête aussi chez Mme veuve Chapot les peaux de mouton en basane, qui servent pour doublure de chaussures et pour travaux légers d'équipements militaires.

La mégisserie en peau blanche se fait également dans cet établissement et sert aux mêmes usages que la basane, mais elle est appliquée à des objets d'un prix plus élevé, tels que ganterie commune, porte-monnaie, bretelles, etc. Pour obtenir le cuir doux destiné à la garniture des buscs pour corsets, touches de piano, fournitures pour les bandagistes, etc., on ajoute au tannage d'alun, de sel et de farine, des jaunes d'œuf qui ont pour but de donner plus de cœur à la peau. On les broie ensuite sous une meule, puis on procède au séchage, mouillage et ouverture sur le palisson.

Enfin on s'occupe aussi à la Revériaz de la préparation des peaux en poil et en laine.

On voit, par l'exposé qui précède, que la maison Chapot est installée de manière à répondre à tous les besoins d'une clientèle très diverse; j'ajouterai que si habituellement elle travaille pour son propre compte, dans beaucoup de cas elle fait également à façon les diverses préparations qui ont été plus haut énumérées. Indépendamment des propriétaires, l'usine emploie constamment quarante ouvriers, qui ne sont ni logés ni nourris, mais qui reçoivent un salaire moyen de 3 fr. par jour. On fabrique annuellement dans cet établissement plus de 80,000 kilos de dégras, qui est livré aux corroyeurs du pays à raison de 105 fr. environ les 100 kilos.

Les matières premières employées ne sont pas moins de 50,000 kilos d'huile de poisson, 15 à 20,000 kilos d'écorces diverses avec lesquelles on fait ensuite des mottes à brûler; plus, des quantités très appréciables d'alun, de sel, de farine et plus de trois cents douzaines d'œufs.

En dehors des conditions d'intérêt général qu'il peut y avoir à encourager ces industriels dans la voie où ils sont entrés en dotant, on peut le dire, le pays d'une industrie qui était restée longtemps dans l'enfance, au moins au point de vue des résultats obtenus, on doit reconnaître que l'exposition des peaux chamoisées et mégissées de Mme veuve Chapot et fils se recommande à l'attention des connaisseurs par le soin avec lequel elles sont travaillées, le moelleux, la souplesse qu'elles ont acquis et, en outre, parce que, n'ayant point été faites spécialement pour l'Exposition, elles représentent d'une manière très exacte le type des marchandises de vente courante qu'ils peuvent livrer à tout acheteur. En terminant, c'est un point qu'il n'est pas inutile de faire ressortir.

Les commissaires du jury de la 27ᵉ section ont été unanimes à reconnaître que ni Niort, ni l'Allemagne ne donnaient des produits supérieurs à ceux de la maison Chapot.

Aussi, lui ont-ils décerné une médaille d'argent, la plus haute récompense qui ait été accordée dans ce genre de travail.

La maison François Bal et fils, de Chambéry, a exposé un assortiment de veaux tannés et corroyés en blanc et cirés, qui se distinguent par une fort belle apparence, un grain fin et égal et de la souplesse.

Cet établissement ne date que de 1837. Situé tout d'abord à Chambéry même, au faubourg Maché, il prit peu à peu, mais surtout depuis la fermeture de la tannerie Raymondon, un développement qui nécessita son extension, et une partie des ateliers fut transférée à la Revériaz, où, depuis quelque temps, ont été concentrées toutes les opérations. On ne s'occupe que du tannage et du corroyage des veaux en blanc et veaux cirés. On y corroie aussi des peaux de veau, qui sont achetées à des tanneurs qui ne s'occupent que de cette seule opération.

Pour donner une idée de l'importance progressive de cette maison, la plus considérable du département de la Savoie, je me bornerai à faire connaître la production pendant les cinq dernières années :

En 1868, on a tanné 23,000 peaux.
1869, — 27,000 —
1870, — 20,000 —
1871, — 35,000 —
Et en 1872, — 50,000 —

Les résultats inférieurs de 1870 s'expliquent tout naturellement par la crise qui se produisit dans cette industrie au début de la guerre et par la prohibition d'exportation qui atteignit la majeure partie des cuirs tannés et aussi par la difficulté de trouver des ouvriers capables, tous les jeunes gens ayant été enlevés par le service militaire. Mais les affaires ne tardèrent pas à reprendre, et, d'après les résultats obtenus jusqu'à ce jour, on peut compter que le chiffre que j'ai indiqué pour l'année courante sera facilement atteint.

Toutes les peaux qui sont tannées et corroyées chez M. Bal portent la marque de fabrique; les cuirs tannés ailleurs et qu'on se borne à corroyer n'en sont point revêtus.

L'augmentation dans le chiffre des affaires de cette maison doit être attribuée au soin dont on entoure toutes les opérations qui constituent le tannage et le corroyage, et, par suite, à la bonne qualité des produits.

On sait, en effet, que, sur les marchés étrangers, les marchandises françaises de belle qualité sont très prisées, que les acheteurs américains et anglais nouent assez facilement, il est vrai, des relations commerciales, mais que ces relations sont durables lorsqu'ils sont satisfaits de leurs vendeurs. Ce fait se produit pour les cuirs de la maison Bal; les marchandises qu'ils expédient journellement au delà de l'Océan leur sont payées même avant livraison, et les acheteurs, de plus en plus satisfaits, font des commandes qu'il est quelquefois impossible de livrer de suite.

Avant l'annexion, les débouchés extérieurs de la maison ne s'étendaient guère au delà de l'Italie et un peu en Angleterre. Depuis la réunion de la Savoie, les ventes pour l'exportation, en augmentant dans ces deux pays, se sont accrues de livraisons faites en Amérique, un des meilleurs marchés, en Autriche, principalement à Vienne, et même en Hongrie.

Le marché de la France offre également des ressources fort appréciables à M. Bal et la place de Lyon notamment connaît et apprécie sa marque de fabrique.

L'usine de la Revériaz est parfaitement installée; elle ne manque jamais d'eau, soit pour faire mouvoir la roue hydraulique qui sert à mettre en travail le moulin à écorces, soit pour les divers travaux du tannage et du corroyage. On sait, du reste, que les eaux qui descendent des hautes montagnes de la Savoie sont très favorables à la préparation des peaux. C'est un fait qui avait été constaté déjà depuis plusieurs siècles et qui est rappelé dans un mémoire daté de 1742 et adressé par M. de Bonnaire au cabinet de Versailles au sujet des ressources industrielles que pouvait offrir la Savoie. On conçoit facilement que dans un établissement aussi important les quantités de matières premières représentent des chiffres considérables.

Dix-huit fosses et cinquante cuves d'une contenance de 250 mètres cubes servent à recevoir annuellement près de 300,000 kilos d'écorces de chêne, qui sont ensuite converties en mottes à brûler. On emploie, en outre, 20,000 kilos de dégras, 7,000 kilos de suif et 1,500 kilos d'huile.

Les peaux brutes sont tirées, en partie de la Savoie, en partie de l'Isère et de l'Allemagne. Les écorces sont généralement du pays. Les suifs et les huiles sont tirés du Nord.

Le nombre des ouvriers est ordinairement de cinquante, qui sont payés à raison de 2 fr. 50 c. à 4 fr. par jour, suivant leur travail et leur habileté.

Le chiffre des affaires est considérable, on le voit, et l'on peut supposer qu'il augmente encore, la force des choses devant amener inévitablement, dans un temps donné, la fermeture d'un certain nombre de petits ateliers qui ne pourront pas supporter la concurrence des grandes maisons.

Les peaux de veau préparées à la Révériaz se divisent
en deux catégories : le premier choix extrà et le premier
choix ordinaire, qui ne diffère du précédent que parce
qu'il s'applique à des peaux qui, ayant reçu exactement
les mêmes façons, présentent quelques défauts, soit
coutelures ou trous faits par les bouchers. La différence
entre le premier choix extrà et le premier choix ordinaire
est de 0,50 c. par kilog.

Les prix sont, pour le premier choix extrà, de 11 fr.
75 c. le kilog. à 8 fr. 25 c. le kilog., suivant que les peaux
pèsent de 9 kilog. la douzaine à 42 kilog.

Ainsi que je l'ai dit pour Mme veuve Chapot et fils, je
dois ajouter que les produits exposés par M. Bal représentent exactement et sincèrement le fac-simile des
marchandises de vente courante qu'on peut se procurer
chez eux au prix que j'ai cités plus haut, prix qui sont,
du reste, sujets à variations en plus ou en moins, suivant
les fluctuations commerciales.

Le jury, appréciant les mérites des peaux présentées
par M. Bal, lui a décerné une médaille d'argent.

J'ai la conviction qu'à une prochaine exposition M. Bal
recevra une plus haute récompense.

L'établissement de Mme veuve Masson, qui expose des
cuirs tannés de bœuf, de vache et de veau, pour semel-
les, empeignes, etc., a été fondé vers le milieu du siècle
dernier et est resté, depuis cette époque, dans la même
famille. Mme veuve Masson travaille plutôt pour la consommation du pays que pour l'exportation. Les peaux
qu'elle met en œuvre proviennent toutes de la boucherie
de Chambéry. Elle emploie dix-huit cuves et quatorze
fosses d'une contenance de 84 mètres cubes. Six ouvriers
sont constamment employés dans cet établissement, qui
n'a pas l'importance des précédents, mais qui est bien
dirigé par son propriétaire.

Les cuirs exposés par Mme veuve Masson nous ont

paru être de bonne qualité et bien traités. Les produits qui sortent de cette maison sont généralement estimés et l'on peut supposer qu'elle a mis tous ses soins dans la fabrication des peaux qui composent son exposition à Lyon.

Mme veuve Masson a reçu, à titre d'encouragement, une médaille de bronze.

Quant à M. Duchozal, d'Annecy, malgré nos démarches réitérées, il nous a été impossible de nous procurer le moindre renseignement sur sa fabrication. Nous avons dû nous contenter de la simple vue de ses produits qui nous ont paru bien réussis.

Une mention honorable lui a été accordée.

Veuillez agréer, monsieur le président, l'assurance de ma considération la plus distinguée.

————

Chambéry, 18 novembre 1872.

Monsieur le Président,

Parmi les établissements industriels importants de la Savoie, qui ont exposé à Lyon, on remarque encore ceux de Mme veuve Aussedat (papeterie à Cran), de M. Selva (fabrique de parquets à Annecy), et de M. Gillet et fils, teinturiers à Lyon, possesseurs de deux fabriques d'acide gallique, établies l'une à Grésin, près de Saint-Genix, l'autre à Saint-Chamond (Loire). Je ne m'occuperai naturellement que de la fabrique de Saint-Genix.

Cet établissement est le plus important de ceux qui existent en Savoie. Il a été fondé en 1867 et les propriétaires absorbent eux-mêmes tous les produits de leur fabrication.

Il occupe ordinairement dix ouvriers, qui travaillent toute l'année et touchent 2 fr. 50 c. par jour, pour douze heures de travail.

Il n'y a pas de chômage dans l'usine, sauf pour les réparations indispensables qui se font chaque année.

L'usine consomme en moyenne 2,200,000 kilogrammes de bois de châtaignier, essence qui est abondamment répandue dans le pays, qui donnent environ 402,000 kilogrammes d'acide gallique, dont le prix a subi depuis quelque temps des variations très nombreuses qui ne permettent guère de faire même une moyenne.

Le combustible employé pour le chauffage des chaudières consiste en 750,000 kilogrammes de houille tirée du bassin de la Loire.

Le matériel industriel, indépendamment d'une roue hydraulique qui donne une force de cinq à six chevaux, se compose de deux chaudières à cuire, de deux à réduire et de dix cuves pour obtenir le degré de densité nécessaire à l'emploi des produits et qui est habituellement de 20° à l'aréomètre de Baumé.

Indépendamment de l'acide gallique liquide ou en extrait sec, M. Gillet expose différents autres produits qui servent à la teinture, tels que les noix de galles, ainsi que des soies teintes en noir avec les produits de la fabrication de ses deux usines.

Ces tissus, qui sont assurément la partie la plus intéressante de l'exposition de M. Gillet, se font remarquer par la solidité de leur couleur, par leur brillant, leur souplesse et une absence de toute surcharge inutile, qui constitue un grand mérite. Du reste, si nos souvenirs sont exacts, à l'occasion de l'Exposition universelle de Paris, M. Gillet était un des fabricants qui s'était le plus élevé contre la méthode des surcharges exagérées, qui n'avaient d'autre but que de donner plus de poids aux soies ainsi traitées, sans donner aux tissus plus de résistance et de qualité.

Les produits de M. Gillet ont obtenu, à Londres, à l'Exposition de 1862, une médaille de prix (*price medal*). A celle de Paris, en 1867, ils ont mérité une médaille d'or, et enfin, à celle du Hâvre, en 1868, ils avaient été mis hors de concours. A Lyon, membre du jury, M. Gillet a été également mis hors concours.

La fabrication du papier existe en Savoie depuis plusieurs siècles. Les usines de l'espèce ont été nombreuses de tous temps. Il y en avait, depuis longtemps déjà avant la Révolution, à Saint-Gingolph, à Faverges, à Chambéry, à la Serraz, etc.

L'établissement dirigé actuellement par Mme veuve Aussedat est, en particulier, un des plus anciennement connus et les documents recueillis dans les archives de la préfecture d'Annecy en font mention dès l'année 1738, époque à laquelle elle paraît avoir été fondée par un sieur Velasque, de Saint-Gingolph.

Cette fabrique passa successivement entre les mains de divers propriétaires et subit, on le conçoit, bien des fortunes diverses avant d'arriver à l'état dans lequel elle se trouve maintenant et qui est dû principalement aux efforts persévérants et intelligents de M. Félix Aussedat, qui en devint acquéreur en 1800.

La fabrication du papier à la mécanique date seulement de 1842, époque à laquelle fut posée la première machine; la deuxième, de plus grande dimension, fut posée quelques années plus tard et l'établissement fonctionna dès lors avec régularité et une certaine prospérité. Depuis l'annexion de la Savoie à la France, la papeterie de Cran a dû faire de grands sacrifices pour le renouvellement et le complément de son outillage. Elle a eu à lutter et lutte encore contre des difficultés considérables, résultant de sa situation topographique. Éloignée des centres d'écoulement de ses produits et des lieux d'approvisionnement des matières premières, elle se trouve, en outre, privée de la faveur des tarifs spéciaux sur le chemin de fer d'Aix à Annecy.

La main d'œuvre, qui est difficile et chère, les chômages, qui sont fréquents par suite de la réglementation vicieuse des eaux du canal de Thioux, qui font mouvoir ses machines, constituent encore pour cette usine des conditions défavorables de production.

Bien que la papeterie de Cran n'ait pris part à aucune des expositions précédentes, ses produits sont bien connus pour être d'une excellente qualité et trouvent un placement qui serait certainement plus avantageux si les conditions d'infériorité que j'ai signalées plus haut venaient à disparaître.

Des roues hydrauliques et des turbines, dont la force maximum peut être évaluée à cent cinquante chevaux, mettent en mouvement les divers appareils qui servent à la fabrication du papier et qui consistent, indépendamment des deux machines à papier continu dont il a été question plus haut, en quinze cylindres à triturer, cuves et autres appareils accessoires.

Le personnel se compose de cent deux ouvriers, savoir : trente-trois hommes, quarante-trois femmes, seize garçons de quinze à vingt-cinq ans et dix filles de treize à vingt ans.

Le régime de la maison est doux et paternel; les ouvriers ne logent point à l'usine; les salaires varient de 1 à 5 fr. par jour, suivant le travail accompli, qui se fait souvent à la journée, et ne représentent pas moins de 60,000 fr. chaque année.

On consomme, année moyenne, 300,000 kilogrammes de chiffons, qui viennent des deux départements de la Savoie, de celui de l'Ain, du Rhône, du Jura et de Saône-et-Loire. Le combustible employé consiste en houille du bassin de la Loire; on emploie, en outre, 30,000 kilogrammes d'alun et 20,000 kilogrammes de résine.

L'exposition de Mme veuve Aussedat à Lyon est complète et variée.

On y distingue, entre autres produits, un papier de bois, obtenu par un procédé pour lequel elle a pris un brevet. Les recherches faites depuis quelques années pour utiliser la matière fibreuse de certains bois ont été, en général, couronnées de succès et les papiers de l'espèce, exposés à Lyon, en sont une preuve. Bien que cette fabrication doive être limitée à certains usages, cette découverte constitue, au profit de la papeterie moderne, un progrès très réel, alors que les matières premières employées jusqu'à présent tendent de jour en jour à devenir plus rares et d'un prix plus élevé. Mme Aussedat expose, en outre, des papiers-intérieur sans apprêt et intérieur-satiné pour cartes et cartonnages, de couleur jaune et grise ;

Des papiers à registres, fins et surfins ;

Des papiers de pliage, ordinaires ;

Du papier fin spécial, glacé sur une face ;

Du papier fin spécial, sans apprêt ;

Du papier fin spécial, glacé sur deux faces ;

Du papier à dessin surfin ;

Enfin du papier parcheminé surfin.

Tous ces papiers paraissent être de bonne qualité et traités avec soin ; on remarque qu'ils sont d'une nuance tantôt blanche, tantôt légèrement azurée, mais toujours parfaitement uniforme, d'un grain fin et serré et d'une pâte homogène.

Les prix de vente sont ordinairement de 50, 90, 100 et 160 fr. les 100 kilogrammes, en Savoie, à Lyon et à Paris.

La fabrication de Mme veuve Aussedat a été récompensée par une médaille d'argent.

M. Selva, fabricant de parquets à Annecy, a exposé une collection complète de panneaux représentant les types principaux de ses travaux courants. Un catalogue

numéroté permet au visiteur de se rendre compte, au
moyen des numéros de rappel, du prix de chaque dessin. Cet industriel, à la tête maintenant d'un établissement assez important, a fondé, il y a quelques années,
à Annecy, un atelier mécanique pour le parquetage, la
menuiserie et l'ébénisterie. Une machine à vapeur de
dix-huit chevaux met en mouvement ses appareils com-
posés de scies circulaires, scies diverses à rainures, à
tenons, à placage, etc.; machines à raboter, à percer, à
mortaiser, etc. A l'aide de ces machines, il peut, ainsi
qu'en témoigne son exposition, varier à l'infini les des-
sins de parquets et exécuter à meilleur marché les travaux de menuiserie. Il emploie principalement les bois
du pays et il a contribué à développer les progrès de
cette industrie.

Il ne nous a pas été possible de nous procurer des
renseignements plus détaillés sur cet établissement;
mais nous savons qu'il a été récompensé en 1858, à
l'Exposition de Turin, et en 1865, à Annecy, par une
médaille d'argent, et en 1867, à l'Exposition universelle
de Paris, par une médaille de bronze.

Les produits qui sortent de cette maison sont généralement de bonne qualité; ils trouvent un débouché
avantageux dans les deux départements; mais, au dire
des hommes compétents, ils n'ont pas encore atteint la
perfection qui distingue les produits de même espèce
qui sont fabriqués à Interlaken (Suisse) et qui sont, il
est vrai, d'un prix comparativement beaucoup plus élevé.

L'École d'horlogerie de Cluses, sous l'habile direction
de M. Benoît, a envoyé à l'Exposition de Lyon divers
spécimens de sa fabrication. Les élèves de cet établissement, l'un des plus utiles de la Savoie, ont tenu à
honneur d'exposer, dans chaque classe, des objets différents, gradués suivant le temps qu'ils avaient passé
à l'École. C'est ainsi qu'on voit dans la vitrine de l'École

de Cluses une grande quantité de pièces détachées à différents degrés d'achèvement, montres presque terminées, montres terminées et quelques spécimens de pièces de haute précision, telles que chronomètres de poche ou de bord, etc.

Le prix des montres de commerce terminées varie depuis 25 fr. jusqu'à 600. Celui des montres de précision, depuis 650 jusqu'à 1,500 fr. Celui des mouvements de bonne qualité, depuis 5 fr. jusqu'à 12 fr. et au-dessus.

La réputation de l'École de Cluses est trop bien établie pour qu'il soit nécessaire ici de faire l'éloge de cet établissement. Je me bornerai à dire que les succès obtenus à l'Exposition de 1867, à Paris, sont venus constater de la manière la plus flatteuse la bonté de l'enseignement théorique et pratique de cette école.

Les travaux de l'École nationale de Cluses ont été récompensés par une médaille d'or.

M. Besson-Mériguet, d'Annecy, a exposé, de son côté, une curieuse pendule astronomique. Nous avons pu constater à maintes reprises qu'elle attirait vivement la curiosité de nombreux visiteurs. (Mention honorable.)

MM. Vallin Marius, architecte, et Solca, d'Annecy également, ont exposé, de leur côté, à Lyon, un plan en relief bien réussi des deux départements de la Savoie et de la Haute-Savoie. Montagnes, vallées, rivières, lacs, sont indiqués avec précision, de manière à satisfaire l'esprit et les yeux et à développer l'amour de la géographie. Si ces plans peuvent être établis à des prix abordables, il y a dans cette exhibition le germe d'une idée féconde en résultats. On comprend, en effet, que l'étude de la géographie physique sera mieux saisie et se gravera mieux dans la mémoire, lorsque les élèves auront sous les yeux, bien qu'en petit, le relief des montagnes, les vallées et leurs cours d'eau, les villes en miniature, etc.

Dans un autre ordre d'idées, M. Revon Louis, conservateur au Musée d'Annecy, a exposé des tableaux d'enseignement, qui ne manquent pas de mérite et peuvent rendre d'utiles services. Le jury les a récompensés en leur accordant une médaille d'argent.

Parmi les exposants de la Savoie, il convient de citer encore M. Bonjean, de Chambéry, le travailleur infatigable, l'habile pharmacien, auquel la science doit d'utiles découvertes et qui a envoyé à Lyon deux produits de son invention : l'Ergotine et l'Élixir de santé.

Ces deux produits ont déjà été, à l'occasion de l'Exposition de Turin en 1858, l'objet d'une appréciation favorable de la part du rapporteur. Je me bornerai à en reproduire les traits principaux :

« C'est en 1840 que M. Bonjean a découvert l'Ergotine « dans le seigle ergoté, en la séparant du poison que « renferme ce mauvais grain. Il a remporté, en 1841, « une médaille d'or à la Société de pharmacie de Paris, « qui avait mis ce sujet au concours. L'Ergotine est « employée partout aujourd'hui ; elle figure dans les « formulaires et les pharmacopées de toutes les na- « tions. »

D'après les plus illustres accoucheurs, parmi lesquels il convient de citer M. Paul Dubois, l'Ergotine a une action toujours sûre pour faciliter le travail de l'accouchement et combattre les hémorrhagies qui en sont quelquefois la suite. D'autres médecins célèbres, le docteur Arnal, le docteur Sédillot, de Strasbourg, M. Flourens, de l'Académie des sciences, ont constaté que la solution d'Ergotine pouvait être considérée comme le plus puissant hémostatique contre les hémorrhagies des vaisseaux tant artériels que veineux ; et, dès lors, bien des médecins ont eu recours avec succès à son usage, à l'extérieur, et en dissolution dans l'eau comme hémostatique cicatrisant et anti - putride. (*Rapports à l'Académie des sciences, de MM. Sédillot et Flourens.*)

Passant à l'Élixir de santé, le rapporteur s'exprimait ainsi : « C'est en 1854, pendant l'épidémie cholérique « qui se montra pour la première fois en Savoie, que « l'Élixir de santé s'est fait connaître. Son action spé- « ciale étant de donner du ton aux intestins et de faciliter « la digestion, il enraye la cholérine et peut la prévenir « en maintenant les fonctions digestives dans un état « régulier. Des essais officiels faits pendant le choléra, « dans les hôpitaux de Gênes, de Genève, etc. ; des « rapports de médecins, d'ecclésiastiques et d'autres « personnes qui ont été à même de l'apprécier pendant « le fléau ; de nombreux articles publiés alors par les « journaux du pays et d'autres États attestent, à n'en « pas douter, les services que cet Élixir a rendus et peut « rendre encore dans ces malheureuses circonstances ; « comme tel, il doit être d'un grand secours dans les « diarrhées épidémiques qui se développent chez les « troupes en campagne, surtout dans les pays chauds, « et c'est à ces divers titres que notre corps d'armée « en fut pourvu à son départ pour l'Orient, où la distri- « bution en fut faite aux troupes, sur un ordre du jour « de leur illustre général en chef, M. de La Marmora. »

J'ajouterai seulement que, depuis que ces lignes ont été écrites, l'Élixir de santé n'a point cessé de rendre des services signalés. C'est à Toulon qu'il a surtout été apprécié pendant l'épidémie cholérique de 1865. Je ne saurais citer, on le comprend, le nom de tous les médecins qui en ont fait l'éloge après l'avoir étudié dans ses effets. Il me suffira d'indiquer, entre autres, le doc- teur Quesnel, professeur et médecin en chef de la marine à Rochefort, les docteurs Arnal, Caffe, de Paris ; Despine, d'Aix ; Scoutteten, de Metz, etc., etc.

La Savoie est, on le sait, un pays privilégié sous le rapport des eaux thermales et minérales.

L'hydrologie minérale de ce pays compte les variétés

d'eaux minérales suivantes : sulfureuses, salées, salines, alcalines et ferrugineuses.

Ces diverses eaux émergent de trois groupes géologiques [1] :

Le groupe des terrains triasiques et anthracifères, auquel appartiennent les eaux de l'Échaillon, de Brides, de Salins, de Bonneval et de Saint-Gervais, plus ou moins salées et purgatives, intimement liées aux grands amas gypseux;

Le groupe des terrains calcaires, secondaires, supérieurs et moyens : eaux essentiellement sulfureuses, Challes, Marlioz, Aix-les-Bains, la Caille, etc. ;

Enfin le groupe des terrains superficiels : eaux ferrugineuses alcalines, de compositions très variées ; Coise, Saint-Simon, Amphion, Évian, la Bauche, etc.

Aux diverses expositions qui se sont succédé depuis une vingtaine d'années à peu près, les eaux minérales de la Savoie avaient été grandement appréciées.

A l'Exposition universelle de 1855, à Paris, la Société médicale de Chambéry avait envoyé vingt-huit échantillons d'eaux diverses; en 1858, à celle de Turin, le nombre en avait été porté à quarante-quatre et le rapport avait été fait, ainsi qu'en 1855, par M. Calloud, l'habile chimiste, le savant modeste qui a consacré la plus grande partie de son temps à l'étude des eaux en Savoie. En 1867, à la seconde Exposition universelle de Paris, les eaux minérales de la Savoie reçurent un accueil fort encourageant. De l'avis de tous, ces eaux constituaient au profit de ce pays un grand élément de richesse.

M. Mortillet, dont j'ai déjà parlé plus haut et qui était rapporteur délégué de la Chambre de Commerce, cite ce fait qui est à sa connaissance : « C'est vraiment un « choix fait à plaisir, disait un médecin étranger en « lisant les étiquettes des bouteilles exposées par le

[1] *Rapport de M. de Mortillet, Exposition de 1867*, Paris.

« Comité, si nous avions cela en Allemagne, quel parti
« nous en tirerions ! »

Le rapporteur se demande pourquoi la Savoie n'en
tirerait-elle pas parti. Il y a là, en effet, pour elle, une
somme de grande prospérité. Aix en est une preuve qui
s'affirme de jour en jour davantage, il est vrai, mais il
y a encore beaucoup à faire pour que les eaux minérales
de la Savoie soient connues, répandues au dehors, qu'elles pénètrent dans les grands centres de consommation,
et qu'elles contribuent, tout en faisant la fortune de
leurs pays, à aider au bien-être général.

L'Exposition de Lyon n'a que deux spécimens des
eaux minérales de la Savoie. Au point de vue industriel
et commercial, ce sont celles qui offrent actuellement
les plus grandes chances de succès. Je veux parler des
eaux de Challes et de la Bauche.

Je commencerai par l'eau de Challes, exposée au nom
de M. Domenge, directeur.

Découverte en 1841 par le docteur Domenget, dans sa
propriété, la source de Challes, *sulfureuse, sulfhydratée,
bromurée* et *iodurée*, dit M. Calloud dans le rapport lu à
la séance extraordinaire de la Société médicale de
Chambéry, le 4 avril 1870, sourd dans les derniers
effleurements des couches calcaires de la montagne de
Curienne, qui se perdent au fond de la vallée, et
qu'ont recouvertes successivement le terrain clysmien
quaternaire et les dépôts modernes. La roche d'où elle
sourd par exsudation et par filets, appartient à cette
formation géologique des Alpes que les géologues
avaient rapportée, jusqu'à ces dernières années, au
terrain oxfordien. Le calcaire est de nature argileuse,
légèrement bitumineuse avec pyrites de persulfure de
fer pur et où on décèle des traces manifestes d'iode.
La condition pyriteuse et bitumineuse du calcaire d'où
sort l'eau de Challes, avec la circonstance de la faune

marine de la roche, semble donner le secret de sa minéralisation privilégiée en soufre, en brôme et en iode.

L'eau minérale est reçue en trois compartiments creusés à environ 3 mètres au-dessous du sol, deux ont été creusés dans le roc même, avec parois latérales recouvertes de ciment, et le troisième en forme de puits à parois nues, en dehors de la roche, dans le sous-sol. Dans ces trois compartiments, l'eau minérale donne des résultats différents, tant pour le jaugeage que pour la sulfuration. Suivant ces provenances, l'eau minérale est désignée : 1° Grande source ; 2° Petite source ; 3° Puits.

L'eau de la Grande source, la principale, est la plus riche en minéralisation sulfhydratée ; c'est la seule consacrée jusqu'ici à l'usage médical et à l'exportation.

L'eau de la Petite source et du Puits a été aménagée pour des emplois spéciaux à venir. Disons néanmoins que, quoique inférieure en sulfuration à la première, l'eau de Challes, débitée par la Petite source et par le Puits, ferait la fortune de plus d'une station hydro-minérale.

La température de l'eau de Challes est de 11 à 12° centigrades ; sa pesanteur spécifique n'a pas été déterminée et son débit donne environ 5,000 litres d'eau par 24 heures.

Un bâtiment fermé de toutes parts garantit la source des influences de l'air extérieur et des infiltrations d'eaux pluviales.

C'est dans une proportion de ce bâtiment que se trouve la buvette et que se pratique l'embouteillage de l'eau destinée à l'exportation.

D'après les expériences faites par différents chimistes, notamment en 1842 par M. O. Henry, et, en 1843, par M. Bonjean, de Chambéry, qui a fait, à ce sujet, d'intéressantes recherches chimiques, physiologiques et médicales, les eaux de Challes sont les plus riches et les mieux minéralisées de toutes les eaux sulfureuses connues. La proportion de leur principe de sulfuration a quelque chose de vraiment extraordinaire ; elle a donné jusqu'à 559 milligrammes de sulfure de sodium anhydre par 1,000 grammes d'eau.

On peut, du reste, se faire une idée de leur richesse quand on saura que, par comparaison avec le groupe sulfureux des Pyrénées, 1 litre d'eau de Challes équivaut à 30 litres des Eaux-Bonnes, à 22 de Cauterets, à 16 de Baréges, à 12 de la Bassère, à 11 de Luchon (source Reine) et à 7 de Cadéac.

Malgré leur haut degré de sulfuration, les eaux de Challes sont très bien supportées par l'estomac, ce qui tient à la parfaite neutralité du sulfure de sodium et sans doute aussi à leur minéralisation alcaline, laquelle dispose au sein de l'économie une prompte combustion du sulfure sodique en le transformant en hyposulfite et en sulfate, formes sous lesquelles il est charrié ensuite dans la circulation.

L'élément de sulfuration des eaux de Challes étant dû simplement au monosulfure de sodium, elles ne donnent point de dégagement immédiat d'acide sulfhydrique ; aussi sont-elles dépourvues d'odeur hépatique prises à la source.

Elles sont limpides, incolores, douées d'une amertume caractéristique de sulfhydrate de soude.

L'utilité des eaux de Challes est incontestable, mais une circonstance qui ajoute à leur vertu et les rend particulièrement exploitables, c'est leur facile accès, leur proximité de Chambéry (5 kilomètres) et du chemin de fer (station des Marches), qui en permet le transport facile et moins onéreux.

D'un autre côté, l'usage qui tend de plus en plus à

associer les eaux de Challes aux eaux d'Aix dans la
médication que l'on fait suivre à certains malades qui
fréquentent cette station balnéaire, sera pour elles un
moyen de les utiliser plus largement dans le service
externe, alors qu'elles étaient plus spécialement
employées en boissons. L'eau de Challes, essentiellement *dépurative*, *résolutive* et *cicatrisante*, est d'un effet
très remarquable dans toutes les maladies de la peau
et les affections chroniques du système muqueux.

En 1870, s'est formée une nouvelle Société dans le
but d'exploiter les Eaux de Challes. En 1871, l'exportation des eaux n'avait été que de 12,000 bouteilles ; en
1872, ce chiffre a été doublé et 25,000 bouteilles ont
été expédiées même pour les destinations les plus
lointaines.

Le château de Challes, parfaitement restauré, a été
aménagé pour recevoir un certain nombre de baigneurs,
qui y trouvent un confortable qui n'existait point
jusqu'alors. Cette habitation se trouve placée à 400
mètres de la source, au milieu d'un parc de quatre
hectares, qui offre la ressource de jolies promenades
et de vues magnifiques sur un splendide panorama,
clos au midi par les grandes Alpes.

Les malades qui fréquentent Challes et auxquels leur
état de santé permet des courses d'une certaine durée,
trouvent à faire des excursions charmantes à des
distances plus ou moins rapprochées, telles que le
Bout-du-Monde, la cascade de la Doria, le château de
Miolans, les ruines de Chignin, la Grande-Chartreuse,
les Charmettes, Aix, Hautecombe, Annecy, les Gorges
du Fier, etc., etc.

Il est à souhaiter que la nouvelle Société réussisse
dans son exploitation ; tout en y trouvant un légitime
bénéfice, elle popularisera les Eaux de Challes et rendra
un service réel aux intérêts généraux du pays.

L'eau de la Bauche est de plus récente découverte;
elle ne date que de 1863. « C'est vers le milieu de l'été
« de 1862, ainsi que le dit M. Calloud, qu'un filet d'eau
« très ferrugineux, très riche en fer, rougissant considé-
« rablement le sol et endommageant par l'humidité per-
« manente qui en résultait, un pré dépendant de la
« propriété de M. le comte Crotti di Costigliole, non loin
« de son château de la Bauche, fût soumis par moi à l'in-
« vestigation chimique. Il s'était passé environ deux
« mois avant l'examen de l'échantillon qui m'avait été
« apporté et que j'avais jugé défectueux. Après ce laps
« de temps, n'en n'ayant point reçu d'autre, je l'exami-
« nai avec la persuasion de n'y pas trouver de fer en
« solution d'après l'expérience de la conservation éphé-
« mère de l'élément *protoferré* dans toutes les eaux fer-
« rugineuses de la région sous-alpine de la Savoie, qui y
« abondent et dont la connaissance m'est familière.

« Aussi, ce fut avec surprise que j'y constatai le pro-
« toxyde de fer en solution, en quantité appréciable. »

Disons de suite, ainsi qu'a bien voulu nous l'expliquer
M. Calloud, que c'est là un des caractères particulièrement remarquables de l'eau de la Bauche. Au moment
où elle est recueillie et pendant peu de jours encore
après, elle accuse avec les réactifs ordinaires la présence
du fer; après cette période, le fer se précipite, forme un
dépôt, et l'eau, traitée par les réactifs les plus forts, ne
décèle plus de traces de fer, ce qui pourrait faire supposer une erreur ou une tromperie; mais il n'en est rien;
au bout de quelques mois, le dépôt qui s'était formé entre de nouveau en dissolution et l'analyse chimique fait
reconnaître de suite les propriétés ferrugineuses remarquables de cette eau minérale.

Revenant à la découverte de la source de la Bauche,
j'ajoute que M. Calloud, après ses expériences, se mit en
rapport avec le comte Crotti en lui annonçant qu'il y avait

là un agent thérapeutique très puissant dont il y avait à tirer parti, tant dans son propre intérêt que dans celui de la science.

Le propriétaire de la Bauche, obéissant, selon ses expressions, *aux ordonnances de la science*, fit mettre la main à l'œuvre sans délai et, après quelques travaux, on trouva avec surprise, dès 1m 40c à 2m 60c au-dessous du niveau du sol, sans qu'aucun vestige extérieur en fît soupçonner l'existence, des restes de construction ancienne, des briques à rebords, un pavé dallé, une auge, des pieux, des pièces de bois et un mur épais en forme de compartiment, au bas duquel sourdent les eaux minérales dans toute leur richesse de minéralisation.

La source de la Bauche était trouvée, ou plutôt retrouvée, car les restes que l'on venait de mettre au jour indiquaient d'une manière évidente qu'à une époque qu'il était difficile de préciser et dont il ne restait aucune tradition, cette source avait dû être utilisée.

L'eau minérale *protoferrée, bicarbonatée, crénatée, alcaline, hyposulfitée* et *ammoniacale* de la Bauche est limpide et fraîche ; sa saveur est franchement ferrugineuse et accuse nettement la présence d'un proto sel de fer ; elle offre, par l'agitation, l'odeur manifeste des solutions protoferrées avec quelque chose de celle de l'acide sulfhydrique, mais à un si faible degré que cela est inappréciable par les réactifs du soufre.

Sa température a constamment accusé, dans les diverses épreuves faites, 12° centigrades. Sa pesanteur spécifique est de 1.000 55. Son débit naturel donne environ cinq litres par minute, soit 7,000 litres en vingt-quatre heures.

Plusieurs autres sources ferrugineuses sourdent dans la même propriété, mais avec un degré inférieur de minéralisation.

Les analyses faites par M. Calloud en 1862 et qui

démontrent que l'eau de la Bauche est une des eaux les plus ferrugineuses connues, ont été pleinement confirmées, en 1863 [1], par une commission spéciale de la Société de médecine de Chambéry; en 1864, par une autre commission spéciale italienne, nommée par l'Académie royale de Turin, dont le commandeur Abbene, professeur de chimie à l'Université, fut le rapporteur; en 1864 également, par une troisième commission de l'Académie de médecine de Paris, nommée d'office par l'ordre du ministre des travaux publics; enfin, par un travail lu, en 1865, à la Société de médecine de Chambéry, par le docteur Guilland, médecin des eaux d'Aix.

Je passe sous silence le témoignage d'un grand nombre de médecins français et étrangers, qui sont tous unanimes pour témoigner hautement des vertus thérapeutiques de l'eau de la Bauche et de ses qualités reconstituantes.

En résumé, dit M. Calloud en terminant le remarquable travail qu'il a fait en 1863 et auquel nous avons fait quelques emprunts pour faire cette notice, cette eau minérale est remarquable par la simplicité de sa minéralisation, par sa faible densité qui la rend très légère à l'estomac, par l'heureuse condition presque entièrement bicarbonatée de ses sels divers, par sa forte proportion en protoxyde de fer, par la propriété qu'elle a de le conserver en solution, enfin par le groupe de ses sels protoferrés exclusivement bicarbonatés et

[1] Au moment de la découverte, lorsque la commission de la Société médicale de Chambéry se rendit sur les lieux pour procéder à la constatation des faits annoncés, on raconte que M. Saluces, pharmacien au Pont-Beauvoisin, émerveillé de la manifestation si hautement caractéristique des réactifs du fer, déclara que si on lui avait apporté cette eau sans être prévenu, il ne l'aurait pas cru naturelle. M. Bebert ne craignit pas, de son côté, d'affirmer au propriétaire qu'il avait en main une fortune.

crénatés, unis à celui de même condition de la potasse et de l'ammoniaque qui doit aider puissamment à son action.

Ces diverses conditions placent cette eau minérale au plus haut point de considération pour son emploi thérapeutique et pour sa popularisation.

La source minérale de la Bauche, située dans la partie basse des terres cultivées de la vallée, se trouve un peu au-dessus de la petite rivière de la Morge. Elle est à peu de distance (150m) de la route départementale no 7, qui traverse la commune et aboutit, au nord, au col du Mont-du-Chat, à la route départementale de Chambéry à Belley, et au midi, à 6 kilomètres du bourg des Échelles, au point d'intersection de la route no 6, de Chambéry à Lyon et à Grenoble.

Son accès est donc des plus faciles; cependant, au point de vue de l'exploitation industrielle et commerciale, elle se trouve loin d'une voie ferrée, et il est évident que l'exportation de ses eaux gagnerait beaucoup si elle était en communication avec une gare de chemin de fer.

La percée de la montagne de l'Épine et le chemin de fer qui doit relier directement Chambéry à Lyon, en gagnant 40 kilomètres sur le parcours actuel, aurait parfaitement rempli les conditions que je viens d'indiquer. Une station devait être placée à 6 kilomètres seulement de la Bauche; elle aurait amené l'établissement d'un service régulier d'omnibus, qui aurait desservi plusieurs fois par jour cette localité.

Il y a lieu d'espérer que ce projet, qui n'a pas encore abouti à une solution définitive, sera réalisé dans un avenir prochain.

L'établissement de la Bauche est abrité des vents du nord par un mamelon élevé et regarde en plein midi.

Le site est agreste et riant. Il découvre, au midi,

les majestueuses montagnes de la Grande-Chartreuse, puis les sommités des grandes Alpes du Dauphiné à l'horizon. Au nord, se trouve le charmant petit lac d'Aiguebellette aux vestiges druidiques ; à l'ouest, sont les portes de Chailles, seul passage possible, dans ces contrées montagneuses, de la route qui conduit de Chambéry à Lyon, route suspendue d'une manière pittoresque au-dessus d'un immense précipice, où coule l'ensemble des eaux de la vallée ; à l'est, s'élève, en forme de rideau, la montagne de l'Épine, où se font des ascensions de touristes pour aller visiter les restes d'une tour appelée le *Signal*, située au sommet de la montagne, à une élévation de 1,500 mètres au-dessus du niveau de la mer, et d'où l'on jouit d'un panorama splendide, des Alpes, du Mont-Blanc, du lac du Bourget et du lac d'Aiguebellette.

Le paysage, comme on le voit par cette simple description, y est riche et nous ne craignons pas d'affirmer que l'on va souvent chercher bien loin à l'étranger, en Suisse par exemple, des sites qui ne valent pas ceux de la Bauche. Ajoutons que l'air y est très pur, assez stimulant sans être trop vif, les eaux abondantes et d'excellente qualité.

L'établissement hydro-minéral, pour lequel on a fait de sérieuses dépenses, est parfaitement installé et ne le cède en rien, sous le rapport du confortable et des dispositions matérielles, aux établissements les plus en renom.

Un parc bien dessiné, avec des bosquets de verdure, permet aux malades peu disposés à la marche de faire un exercice modéré.

La richesse remarquable de l'eau minérale et les agréments réunis du site et d'un climat fortifiant sous tous les rapports, invitent à l'érection d'un établissement sanitaire ou maison de convalescence, où les malades délicats

4

recevraient des soins plus assidus, plus constants que lorsqu'ils sont logés à l'hôtel. Il existe dans le parc de la Bauche une source d'eau froide qui, au moyen d'une turbine d'une grande puissance, fait mouvoir des artifices relatifs à une scierie.

On pourrait, à l'aide de cette turbine, obtenir une colonne d'eau suffisamment haute, pour fournir à un établissement hydrothérapique dans lequel on donnerait des bains et des douches de toute nature.

Le propriétaire de la Bauche a exposé également à Lyon des pastilles très efficaces obtenues par l'évaporation au bain-marie, par l'extraction des sels qui composent l'eau minérale. Les pastilles se fabriquent à la source même et se vendent en boîtes et demi-boîtes entourées de bandelettes portant le sceau aux armoiries du propriétaire pour éviter la contrefaçon.

Le trop-plein de la source est utilisé sur les lieux mêmes pour les bains minéraux.

Nous trouvons encore, parmi les exposants appartenant à la Savoie, M. le docteur Carret, qui a envoyé à Lyon un poêle en tôle, de son invention, destiné aux habitations et aux magnaneries.

M. Carret, frappé des inconvénients que présentaient les poêles en fonte, qui dégagent en assez notable quantité de l'oxyde de carbone, gaz éminemment nuisible à la santé, alors surtout que les appareils se trouvent placés dans les pièces où se tiennent un grand nombre de personnes, a cherché et trouvé un poêle en tôle qui donne une somme de calorique égale aux autres et avec lequel on peut éviter les inconvénients des poêles en fonte.

De nombreuses expériences ont été faites, notamment à Paris, au Conservatoire des Arts et Métiers, en présence et par les soins de M. le général Morin. Il est resté bien démontré qu'avec un poêle vieux en fonte, le dégagement de l'oxyde de carbone était de $1^{cc}13$, avec un poêle neuf, de $1^{cc}52$, quantités suffisantes pour altérer la santé; et qu'avec le poêle en tôle de M. Carret, vieux ou neuf, le dégagement de ce gaz était absolument nul.

Nous avons personnellement fait usage du poêle Carret et nous avons été satisfait des résultats obtenus, mais il nous a paru qu'il y avait encore un progrès à réaliser, sous le rapport du bon marché, afin de le rendre plus accessible aux petites bourses et d'activer la concurrence qu'il veut faire aux appareils en fonte.

Le jury de la 13e section lui a décerné une mention honorable.

En ce qui concerne l'influence de son poêle dans l'éducation des vers à soie, les bons effets qu'il peut avoir sur les maladies qui affectent ces animaux, nous avons dit ailleurs qu'en Savoie l'expérience n'avait pas été assez suivie pour être concluante. Nous devons ajouter que nous avons vu chez M. le docteur Carret une éducation hâtive faite par son procédé, qui avait, dans des proportions restreintes, il est vrai, parfaitement réussi.

A Lyon, le docteur Carret avait installé dans le parc un spécimen de sa magnanerie, mais l'époque avancée de la saison ne lui a pas permis de faire une démonstration vraiment utile et concluante dans de bonnes conditions.

M. Collin, marchand papetier à Chambéry, expose une boîte qui porte son nom et qui est indiquée au catalogue sous le nom de *Boîte fumi-ventouse*. C'est un petit meuble portatif, destiné à provoquer, au moyen d'un appareil de chauffage qui s'y trouve annexé, une forte transpiration de nature à soulager, à guérir même les douleurs rhumatismales et névralgiques. On peut, au besoin, employer des herbes aromatiques qui sont un adjuvant précieux. Nous avons vu un grand nombre de certificats délivrés par des personnes qui se sont servies avec avantage de l'appareil de M. Collin.

Enfin, M. Pollingue, parfumeur à Chambéry, a exposé à Lyon une pommade à la graisse de chamois et une Eau de chamois, qui sont destinées l'une et l'autre à arrêter la chute des cheveux. M. Pollingue a obtenu du jury de la 9e section une mention honorable.

Tel est, monsieur le président, le résumé aussi exact, aussi impartial qu'il m'a été possible de le faire sur les divers produits envoyés par les exposants appartenant à la Savoie.

Veuillez agréer, monsieur le président, l'assurance de ma considération la plus distinguée.

6865. — Chambéry, imprimerie de F. Puthod, rue du Verney.

www.ingramcontent.com/pod-product-compliance
Lightning Source LLC
LaVergne TN
LVHW022136080426
835511LV00007B/1145